Bibliografische Information der Deutschen Nationalbibliothek:

Die Deutsche Bibliothek verzeichnet diese Publikation in der Deutschen National-
bibliografie; detaillierte bibliografische Daten sind im Internet über http://dnb.d-
nb.de/ abrufbar.

Impressum:

Copyright © 2012 GRIN Verlag, Open Publishing GmbH
Druck und Bindung: Books on Demand GmbH, Norderstedt Germany
ISBN: 978-3-668-14394-4

Dieses Buch bei GRIN:

http://www.grin.com/de/e-book/300312/erfolgreiches-prozessmanagement-verschie-
dene-modellierungsmethoden-im

Mathias Schätzl

Erfolgreiches Prozessmanagement. Verschiedene Modellierungsmethoden im Überblick

GRIN Verlag

Erfolgreiches Prozessmanagement. Verschiedene Modellierungsmethoden im Überblick

Vorgelegt von:

Mathias Schätzl

Inhalt

1 Modellierungsmethoden für Geschäftsprozesse

Viele Unternehmen stehen in der Phase des Strategischen Prozessmanagements und damit kurz vor dem nächsten Schritt: der Modellierung von Prozessen. Dabei stellt sich die Frage, mit welcher Modellierungsmethode Prozessmanagement erfolgreich durchgeführt werden kann und wie auf lange Sicht durch Prozessautomatisierung erhöhte Effektivität und Effizienz erlangt werden kann. Dazu wird im Kapitel 1.1 ein Kriterienkatalog aufgestellt, welcher einen Vergleich der Methoden ermöglichen soll. Dann werden im nächsten Kapitel vier Methoden aus der Vielzahl der derzeit am Markt bestehenden Standards ausgewählt. Diese werden anschließend in Kapitel 1.3 beschrieben und durch ein Beispiel visualisiert. Ziel ist, am Ende des Vergleichs in Kapitel 1.4 eine Methode auszuwählen, die Unternehmen innerhalb des Geschäftsprozessmanagements am besten unterstützt.

1.1 Kriterienkatalog zum Modellvergleich

Bevor nun die einzelnen Methoden analysiert werden können, gilt es, einen Kriterienkatalog aufzustellen, anhand dessen die im nachfolgenden Kapitel ausgewählten Methoden verglichen werden. Es erfolgt eine Unterteilung in drei verschiedene Kategorien:

- Formale Kriterien: Dabei geht es speziell um die Grundeigenschaften der Notation.
- Unternehmenskriterien: Hierunter fallen alle Eigenschaften, die besonders für das Unternehmen selbst wichtig sind und die Auswahl der Modellierungsmethode beeinflussen können.
- Anwenderkriterien: welche Eigenschaften sind für den Anwender, d.h. denjenigen, der mit der Notation arbeiten soll, von Bedeutung? Dabei kann die Arbeitsintensität, also wie lief sich derjenige mit der Notation befasst, je nach Anwender variieren.

Tabelle 1.1 fasst alle Kriterien zusammen, welche im nachfolgenden einzeln erläutert werden.

Änderbarkeit ist ein Kriterium, das aussagt, wie einfach sich das bestehende Modell an geänderte Rahmenbedingungen anpassen lässt. In der heutigen schnelllebigen Zeit kann es durchaus vorkommen, dass ein Prozess innerhalb kurzer Zeit verändert werden muss, da es sonst unter Umständen auch zu Compliance-Problemen oder Verlusten finanzieller Art kommen kann. Je schneller das Modell angepasst werden kann, desto besser für das Unternehmen.

Formale Kriterien	Unternehmens Kriterien	Anwender Kriterien
Änderbarkeit	Zukunftssicherheit	Fachliche Akzeptanz
Wiederverwendbarkeit	Automatisierung	Komplexitätsgrad
Symbolik	Nutzen	Übersichtlichkeit
Syntax	Leistungsstärke	Verbreitungsgrad
Durchgängigkeit	Tool-Unterstützung	Business-IT-Alignment

Tabelle 1.1 Kriterienkatalog zum Methodenvergleich
Eigene Darstellung

Wiederverwendbarkeit ist die die Möglichkeit der Integration und Wiederverwendung einzelner Prozessbestandteile in anderen Prozessen. Je spezifischer ein Teilprozess jedoch definiert werden muss, desto unwahrscheinlicher ist es, dass dieser in anderen Prozessen wieder angewendet werden kann. So gilt es hier einen Mittelweg zu finden zwischen Spezifität und allgemeiner Gültigkeit. Eine Unterteilung in einzelne Teilprozesse, welche sich anschließend beliebig weiter nutzen lassen, wäre eine Möglichkeit zur Erreichung eines hohen Grads der Wiederverwendung.

Um der Komplexität in Unternehmen gerecht zu werden, sollte eine ausgereifte Menge an *Symbolen* zur Verfügung stehen, die in sich eindeutig sind. Die Notation sollte im Zuge des Business-IT-Alignments eine grafische Modelldarstellung erlauben und für gleiche Sachverhalte auch nur ein eingeschränktes Maß an Varianzen zulassen. Ziel dabei sollte sein, dass verschiedene Modellierer nicht ein und denselben Sachverhalt stark unterschiedlich modellieren können.

Besonders als Einstiegshilfe für neue Modellierer und bei sehr komplexen Modellen ist eine *Syntaxprüfung* notwendig. Nur wenn gewährleistet werden kann, dass syntaktische Fehler automatisch erkannt und dem Modellierer gemeldet bzw. direkt behoben werden, kann sich der Modellierer voll auf die Semantik, und damit das eigentliche Problem, fokussieren.

Als letztes formales Kriterium sei noch die *Durchgängigkeit* zu analysieren. Auch hier spielt wieder das Business-IT-Alignment eine wichtige Rolle, denn Fachbereiche favorisieren Modellierungsmöglichkeiten, die einfach und verständlich sind. Auf der anderen Seite sind für den IT-Bereich diese Modellierungen oft unvollständig bzw. ungenau. Dies fordert von der Geschäftsprozessmodellierung ganz klar ein fachliches und ein technisches Modell. Das fachliche Modell ist noch deutlich abstrakter als das technische Modell, welches, um eine Prozessautomatisierung möglich zu machen, alle Fakten, Bedingungen und Funktionen klären und modellieren muss.

Aus unternehmerischer Sicht sind vor allem die folgenden Kriterien entscheidend:

Zukunftssicherheit bedeutet, wie lange sich eine Notation auf lange Sicht gesehen am Markt halten, etablieren oder durchsetzen kann. Für Unternehmen bedeutet dies ein gewisses Maß an Investitionsschutz, um nicht alljährlich einem anderen Trend folgen zu müssen. Nutzen viele Unternehmen eine Notation, so ist davon auszugehen, dass diese eine gewisse Reife erreicht hat und sich aufgrund des Rückhalts durch Unternehmen am Markt etabliert. Auch wenn sich die Zukunft nur schwer vorausplanen lässt, so lässt sich zumindest anhand von Studien und Nutzungsstatistiken beurteilen, ob ein Standard sich festgesetzt hat. Neben der Anzahl an Nutzern ist auch die Beständigkeit wichtig, also wie lange sich die Notation schon im Markt halten konnte und wie gut die Notation bereits erprobt ist.

Das Dokumentieren von Prozessmodellen ist nur der Anfang, denn Ziel der Unternehmen sollte es sein, diese Prozesse anschließend auch automatisieren zu können. Dadurch ergeben sich Möglichkeiten, z.B. zur Simulation oder zur Analyse, um Optimierungspotenziale aufzudecken. Dies dient ganz klar dem Ziel der Kostenreduzierung. Für die Automatisierung reicht die Notation alleine nicht aus, denn hier muss durch ein entsprechendes zusätzliches Tool Unterstützung geleistet werden. Jedoch sollte die Notation zumindest die Möglichkeit der *Prozessautomatisierung* bieten.

Das Geschäftsprozessmanagement ist für Unternehmen mit hohem Aufwand verbunden und ein wichtiges Ziel ist es, die Effektivität und Effizienz der Prozesse zu steigern, um dadurch auch Kosten sparen zu können. Besonders die Modellierung der Prozesse kann dem Unternehmen großen *Nutzen* stiften, in dem sich je nach *Aufwand* auch eine zufriedenstellende Kapitalrendite einstellt. Es gilt also zu analysieren, inwiefern die eingesetzte Notation z.B. Einsparungspotenziale aufdeckt. Auch die Tatsache, wie viel Aufwand betrieben werden muss, um die Notation im Unternehmen zu etablieren, soll hierbei eine Rolle spielen.

Um der Komplexität der Prozesse im Unternehmen Herr zu werden, sollte die Notation ausreichend *Leistungsstärke* mitbringen. Das bedeutet, dass die Mächtigkeit der Sprache ausreichend ist, um zentrale Problemstellungen abbilden zu können. Der Modellierer muss also in die Lage versetzt werden, alle notwendigen Eigenschaften, Objekte und Funktionen, die er für das Verständnis des Prozesses für notwendig erachtet, in das Modell integrieren zu können.

Die Unterstützung durch entsprechende *Tools* ist ebenfalls ein entscheidender Faktor. Viele am Markt erhältliche Tools sind in der Lage, Modelle verschiedener Standards zu erstellen oder erlauben das Exportieren dieser Prozessabläufe in ein Austauschformat.

Dabei spielt die Tatsache, ob es sich um ein Open Source oder ein kommerzielles Produkt handelt, keine entscheidende Rolle. Je nach Unternehmensgröße könnte dabei natürlich ein Fokus auf Produkte größerer und bekannterer Hersteller gelegt werden.

Als letzte Kategorie sind noch die Kriterien der Anwender zu analysieren:

Auch wenn dieses Kriterium unter Umständen als subjektiv empfunden werden kann, ist die *fachliche Akzeptanz* doch von sehr hoher Bedeutung. Nichts schreckt neue Nutzer mehr ab als komplexe Zusammenhänge kaum verständlicher Modelle. Genau deshalb muss es die Notation innerhalb kurzer Zeit erlauben, einen grundsätzlichen Überblick über die Methode zu erhalten und Modelle relativ zügig zu verstehen. Dies soll dem Fachanwender erlauben, möglichst schnell die Wichtigkeit einzelner Schritte zu erfassen und die dazu notwendigen Ressourcen und Fähigkeiten abschätzen zu können.

Hier spielt auch der *Komplexitätsgrad* der Notation eine entscheidende Rolle. Ist der Einstieg einmal geschafft und gilt es nun komplexere Zusammenhänge zu modellieren, darf der Anwender hier nicht in komplizierter Formalität untergehen. Je einfacher die Zusammenhänge sind, umso schneller können Modelle korrekt erstellt werden. Eine Sprache gilt zudem als einfach, wenn sie mit möglichst wenigen Objekten und Symbolen, zumindest zur Erstellung eines simplen und abstrakten Grundmodells, auskommt.

Die Nutzung der Notation wird verschiedenen Anwendergruppen zu Teil. Während der Modellierer selbst großen Wert auf die ersten beiden Kriterien legt, ist für einen Betrachter der Modelle die *Übersichtlichkeit* von erstrangiger Bedeutung. Entscheidend dabei ist für den Betrachter des Modells, wie schnell und einfach dieser ein Verständnis des dargestellten Prozesses entwickeln kann. Je weniger Objekte dazu notwendig sind, umso besser.

Ein weiterer Faktor für Anwender ist der *Verbreitungsgrad*, wobei hier verschiedene Kriterien eine Rolle spielen. Unter anderem ist eine Standardisierung der Notation, die Etablierung am Markt, das Angebot an Weiterbildungsmaßnahmen und Nachschlagewerken oder auch Kontakt zu anderen Unternehmen entscheidend. Dies alles sind Faktoren, die es einem Anwender leichter gestalten, mit der Notation zur arbeiten, sich über Modelle auszutauschen und „Leidensgenossen" zu finden.

Als entscheidender Faktor im Geschäftsprozessmanagement wurde das *Business-IT-Alignment* bereits. Das Kriterium wird ganz bewusst zu den Anwenderkriterien gerechnet, da Modellierer, Betrachter und alle weiteren Modellierungsbeteiligten die aktiven Elemente innerhalb des Modells darstellen, und damit zu den Anwendern zählen. Wie gut lassen sich fachliche und technische Sichtweisen verbinden und wie gut wird es den Anwendern ermöglicht, eine gemeinsame Kommunikationsplattform zu schaffen?

1.2 Auswahl der Modellierungsmethoden

Ein Blick auf den Markt verrät schon sehr schnell, dass die Vielfalt an Standards und Vorgehensweisen sehr groß ist und die Menge an Auswahlmöglichkeiten Unternehmen vor eine schwierige Entscheidung stellt. Generell sollte der Fokus besonders auf Methoden gelegt werden, die durch eine öffentlich anerkannte Organisation standardisiert und veröffentlicht wurden. Eine Übersicht über solche Methoden liefert die Abbildung 1.1 Standards sind deshalb so entscheidend, weil Unternehmen für so ein wichtiges Thema wie Geschäftsprozessmanagement, das mit hohem personellen und finanziellen Aufwand verbunden ist, nicht auf Methoden setzen können, die nicht von einer breiten Masse getragen werden und in zwei bis drei Jahren nicht mehr gültig sind. In Anbetracht des Umfangs der Arbeit werden aus der Vielzahl der Modellierungsmethoden vier ausgewählt, die anschließend in Kapitel 1.3 genauer betrachtet werden.

Der von der Firma IDS Scheer veröffentlichte Standard ARIS uBPM ist nicht im Rahmen von Modellierungssprachen zu nennen, denn dabei handelt es sich ganz allgemein um ein Dach für alle ARIS Produkte im Rahmen von BPM (Hierlmeier 2009). Die ereignisgesteuerten Prozessketten (EPK) hingegen sind durchaus als Modellierungswerkzeug zu sehen und bilden den Kontrollfluss eines Prozesses ab, also genau das, was Ziel der Modellierung ist (Weske 2007, S. 158 ff.). EPKs sind „ein zentraler Bestandteil einer Vielzahl von Referenzmodellen und Grundlage verschiedener modellgetriebener Ansätze für ein werkzeuggestütztes Geschäftsprozessmanagement. Sie sind aufgrund ihrer anschaulichen Repräsentation und der durchgängigen Werkzeugunterstützung in der Praxis vergleichsweise weit verbreitet" (Funk, et al. 2010, S. 30). Daher werden diese im Fortgang der Arbeit weiter analysiert.

Die Workflow Management Coalition (WfMC) hat im BPM-Umfeld zwei verschiedene Standards etabliert. Dabei handelt es sich einmal um die Wf-XML 2.0 Spezifikation, die die Kommunikation zwischen zwei verschiedenen BPM-Systemen per Webservice übernimmt (Swenson, Pradhan und Gilger 2004). Ein deutlich aktuellerer Standard ist jedoch XML Process Definition Language (XPDL) 2.2 bzw. auch XPDL4BPMN. Dieser definiert ein XML-basiertes Austauschformat von Prozessmodellen zwischen verschiedenen Anwendungen und ist in der aktuellen Fassung auch kompatibel mit BPMN Modellen (The Workflow Management Coalition 2012, S. 6). Beide Standards sind zwar im BPM-Umfeld angesiedelt, aber als Austauschformat und als Kommunikationsmittel entwickelt worden und nicht als Modellierungsnotationen geeignet.

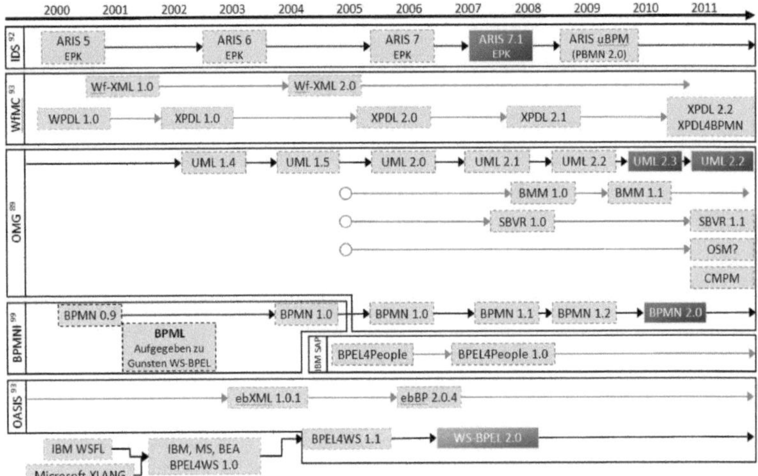

Abbildung 1.1 Relevante BPM Standards
Quelle: in Anlehnung an Dr. Bartonitz (2011)

Weitere Standards wurden durch die Object Management Group (OMG) veröffentlicht. Diese Organisation hat viele verschiedene Unternehmen als Mitglieder und strebt die Standardisierung in unterschiedlichsten Technologien an (Object Management Group 2012). Einige dieser Standards können auch im Rahmen des Geschäftsprozessmanagements bzw. -modellierung angewandt werden. Einer der wohl bekanntesten, da auch am vielfältigsten einsetzbare, Standard ist die Unified Modeling Language (UML). In der Spezifikation von OMG wird UML als eine visuelle Sprache zur Spezifizierung und Dokumentation von Systemen definiert. Es handelt sich um eine allgemeine Sprache, die in verschiedenen Anwendungsszenarien und Implementierungsumgebungen genutzt werden kann (OMG 2009, S. 21). Von den verschiedenen Diagrammtypen, die UML zur Verfügung stellt, bieten sich die Verhaltensdiagramme, wie z.B. Aktivitätsdiagramme, Anwendungsfalldiagramme oder Sequenzdiagramme, besonders an (OMG 2009, S. 702).

Für die Modellierung von Geschäftsprozessen empfiehlt sich vor allem das Aktivitätsdiagramm, da dies speziell auf den Ablauf und die Ausführung eines Systems/Prozesses ausgerichtet ist (Pilone und Pitman 2005, S. 104). Weitere Alternativen wären Anwendungsfall-, Zustands- und Interaktionsdiagramme. Erstere sind aber zu sehr auf das Verhalten und die Struktur eines einzelnen Systems ausgelegt (Pilone und Pitman 2005, S. 80 ff.). Zustandsdiagramme stellen lediglich das Verhalten eines Softwaresystems dar und weniger die Interaktion zwischen mehreren Prozessbeteiligten (Pilone und Pitman 2005, S. 90 ff.). Letztere sind zwar genau für Prozesse und Ereignisabläufe geeignet, stellen aber eher technische und Aufruf-

Zusammenhänge dar, die nicht im Sinne des Ziels des Business-IT-Alignments sein können (Pilone und Pitman 2005, S. 132 ff.). Da die Aktivitätsdiagramme am ehesten den Anforderungen zur Modellierung von Prozessen entsprechen, werden diese in den Vergleich mit einbezogen.

Neben dem Business Motivation Model (BMM), welches sich mit der Entwicklung, Kommunikation und dem Management von Geschäftsplänen beschäftigt (OMG 2010), gibt es auch noch Semantics of Business Vocabulary and Business Rules (SBVR), welches jedoch ebenfalls nicht im direkten Zusammenhang mit Geschäftsprozessmodellierung zu sehen ist (OMG 2008). Auch der Standard für Case Management Process Modelling (CMPM) ist aktuell noch nicht von Interesse, da dieser noch nicht veröffentlicht wurde.

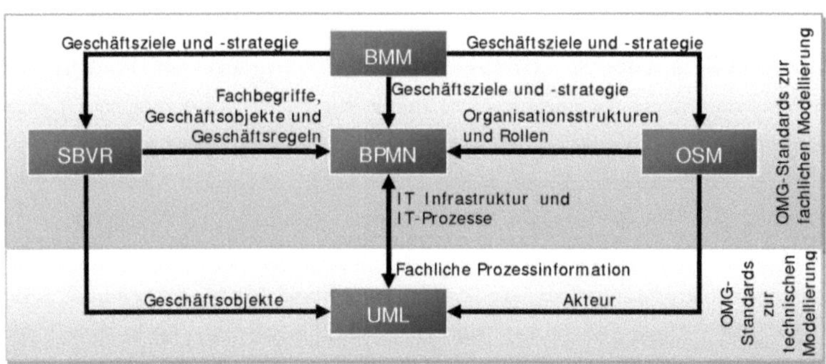

Als letzten Standard von OMG gilt es noch die Business Process Model and Notation (BPMN) näher zu betrachten. Diese ist deshalb so interessant, da hier versucht wird ein Netz aus Standards um diese Methode zu spannen, um sämtliche Bereiche des Geschäftsprozessmanagements abzudecken. Das Ziel von BPMN 2.0 ist: „(...) to provide a notation that is readily understandable by all business users, from the business analysts that create the initial drafts of the processes, to the technical developers responsible for implementing the technology that will perform those processes, and finally, to the business people who will manage and monitor those processes." (OMG 2011, S. 31). Damit ist dieser Standard genau für die Modellierung von Geschäftsprozessen ausgelegt und wird aus diesem Grund in den folgenden Kapiteln Teil der Analyse sein.

Die Organization for the Advancement of Structured Information Standards (OASIS) ist ebenfalls ein Konsortium, das die Entwicklung, Fokussierung und Einführung von offenen Standards für die globale Informationsgesellschaft vorantreibt. Einer dieser Standards ist ebXML Business Process (ebBP), welcher eine Sprache definiert, die einheitliche Geschäftstransaktionen über Unternehmensgrenzen hinweg ermöglichen soll. Es handelt sich also auch hier nicht um eine Geschäftsprozessmodellierungsnotation (OASIS 2006,

S. 8). Im Gegensatz dazu bildet die Business Process Execution Language (BPEL) eine Sprache zur Spezifikation und Ausführung von Geschäftsprozessen. Diese dient einerseits als Austauschformat zwischen verschiedenen BPM Anwendungen und andererseits als Ausführungsformat im Hintergrund und hat sich in diesem Bereichen als wichtiger Bestandteil des Prozessmanagements etabliert (Mendling, Weidlich und Weske 2010, S. 8 ff.). Aus diesem Grund wird BPEL ebenfalls in die Analyse einbezogen.

Standards in diesem Umfeld bilden WS-BPEL und BPEL4People. Ersterer dient auch zur Beschreibung von Geschäftsprozessen, deren Transaktionen untereinander durch Webservices durchgeführt werden (OASIS 2007). Der Zusatz „4People" bedeutet lediglich, dass der WS-BPEL Standard durch die Möglichkeit menschlicher Interaktion erweitert wird (OASIS 2008).

Zusammenfassend wurden also die Standards EPK, UML – Aktivitätsdiagramm, BPMN und BPEL zur genaueren Analyse ausgewählt. Nicht zuletzt stimmt die Auswahl auch mit einer aktuellen Umfrage überein, in der Firmen weltweit befragt wurden, welche Standards sie zur Modellierung von Prozessen nutzen. Demnach haben bei möglicher Mehrfachangabe 72% BPMN, 18% UML, 8% EPK und 6% BPEL im Einsatz (Harmon und Wolf 2011, S. 19 ff.). Auch in *Minonne et al.* (2011, S. 30) wurde eine Umfrage bezüglich der eingesetzten Modellierungsmethoden durchgeführt. An Position zwei stand BPMN, drei ging an eEPK und vier an UML. Diese Methoden werden einzig durch die Verbreitung von Flussdiagrammen überboten. Sie werden allerdings bei der Analyse in dieser Arbeit nicht betrachtet. Einerseits handelt es sich dabei eher um eine Notation zur Beschreibung einer Programmfunktionalität und ist unter anderem auch unter dem Namen „Programmablaufplan" bekannt. Andererseits bilden die für die weitere Analyse ausgewählten ereignisgesteuerten Prozessketten eine weiterentwickelte Form der Flussdiagramme, sodass ein Rückgriff auf eben diese nicht als sinnvoll anzusehen ist (Becker, Kugeler und Rosemann 2008, S. 43 ff.). Auch Petri-Netze werden als weitere Modellierungsmethode immer wieder genannt. Auch hier gelten EPKs als weiterentwickelte Form von Petri-Netzen und deshalb werden diese nicht weiter betrachtet (Becker, Mathas und Winkelmann 2009, S. 43).

1.3 Vergleich verschiedener Modellierungsmethoden

Im Folgenden werden die vier im vorangegangenen Kapitel ausgewählten Modellierungsmethoden nun näher vorgestellt und es erfolgt eine Einführung in deren Notation. Zur Veranschaulichung wird das vereinfachte Beispiel der Erstellung eines Dienstreiseantrags grafisch in den entsprechenden Notationen dargestellt. Dies soll zumindest einen grundsätzlichen visuellen Vergleich der Darstellungen erlauben.

Als Erstes werden die Ereignisgesteuerten Prozessketten genauer betrachtet. Dabei sollen auch die erweiterten EPKs (eEPK) Beachtung finden, wo dies notwendig und hilfreich ist. Diese stellen zusätzliche Prozesselemente zur Verfügung und erweitern damit das Anwendungsspektrum und die Aussagekraft der Modelle (Funk, et al. 2010, S. 31). EPKs wurden 1991 im Rahmen des Architekturkonzepts für die Entwicklung und Beschreibung von Informationssystemen (ARIS) entwickelt und erlangten als zentraler Bestandteil des SAP-Systems große Verbreitung. Mehr zu ARIS ist in *Gaddatsch* (2010, S. 127 ff.) nachzulesen. Auf fachlicher Ebene dienen sie als semantisches Prozessmodell zur Beschreibung von fachlichen Inhalten und Prozessen. (Gaddatsch 2010, S. 188 ff.).

Als Nächstes werden die einzelnen Grundelemente der EPK-Notation vorgestellt, welche der Tabelle 1.2 entnommen werden können. Zu den wichtigsten Elementen gehören die Ereignisse und die Funktionen. Jede EPK hat ein Ereignis als Start- und Endpunkt und vor jeder Funktion steht ein Auslöse-Ereignis. Es wird jeweils immer ein bestimmter Zustand beschrieben, der durch den weiteren Verlauf im Prozess beeinflusst wird, z.B. wäre der Eingang einer E-Mail ein Ereignis. Funktionen hingegen umschreiben den Transformationsprozess von Informationsobjekten zur Erreichung von Unternehmenszielen, wie z.B. das Beantworten der E-Mail. Diese beiden Elemente wechseln sich innerhalb einer EPK immer ab und durch Konnektoren können unterschiedliche Verzweigungen entstehen. Es gibt insgesamt drei verschiedene: XOR, UND und ODER. Ersteres entspricht einem „Entweder oder"-Verlauf, UND bedeutet, dass beide folgenden Wege eingeschlagen werden und eine ODER-Verknüpfung führt dazu, dass mindestens einer der folgenden Wege weiterverfolgt wird. Diese Grundelemente werden durch Pfeile miteinander verknüpft, welche den Prozessfluss darstellen (Becker, Kugeler und Rosemann 2008, S. 65 ff.).

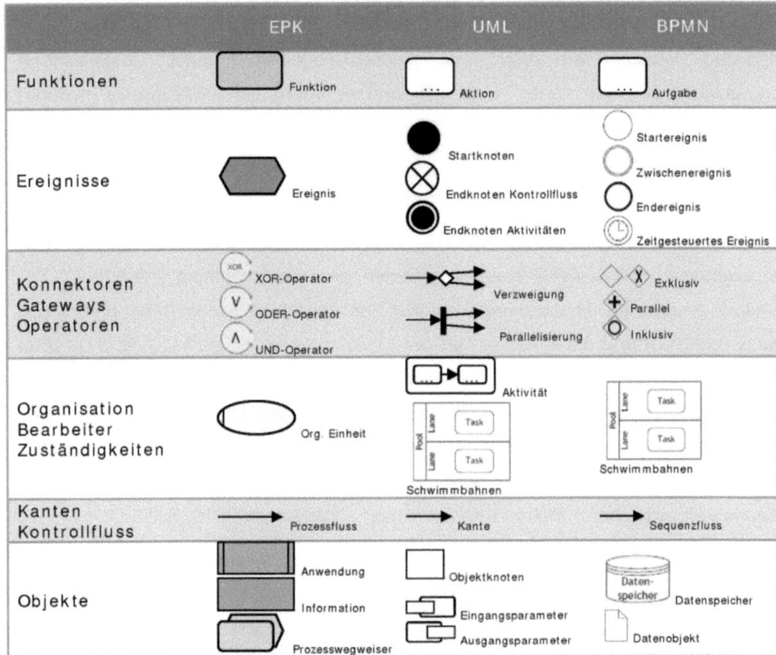

Tabelle 1.2 Modellierungsmethoden Notationen Gegenüberstellung
Eigene Darstellung

Weitere Elemente, die die EPK-Notation erweitern, sind:

- Organisatorische Einheiten: Sie dienen zur genaueren Beschreibung der Gliederungsstrukturen des Unternehmens.
- Anwendungssysteme: Sie stellen Applikationen dar, die am Prozess beteiligt sind.
- Informationsobjekte: Sie bilden Gegenstände der realen Welt ab.
- Prozesswegweiser: Sie verknüpfen Teilprozesse miteinander.

Zur Veranschaulichung wird in Abbildung 1.3 ein EPK-Prozess Dienstreiseantrag dargestellt, der einige der vorgestellten Grundelemente enthält.

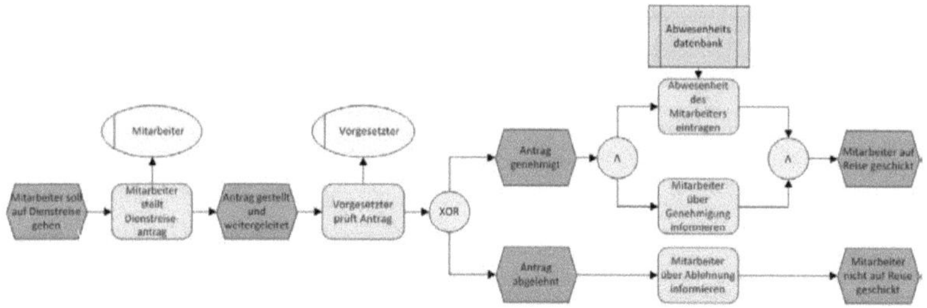

Abbildung 1.3 EPK Beispielprozess - Dienstreiseantrag
Eigene Darstellung

Die Vorteile von EPK sind:

- Weite Verbreitung in der Praxis aufgrund der Integration in SAP, Nutzung innerhalb des ARIS Frameworks und Unabhängigkeit von bestimmten Software-Produkten.

- Relativ einfache erste Anwendung der Notation, da diese nicht zu komplex ist und die grafische Notation auch für Nicht-IT-Mitarbeiter verständlich ist.

- Ausreichend umfangreiche Prozesselemente zur Darstellung verschiedener Gesichtspunkte eines Prozesses (inkl. weiterer Elemente der eEPK)

Die Nachteile von EPK sind:

- Durch die relativ hohe Flexibilität der Modellierung ergibt sich auch die Notwendigkeit einer Modellierungsrichtlinie für alle Modellierer im Unternehmen.

- Die Nutzung der eEPK ermöglicht zwar deutlich aussagekräftigere Modelle, jedoch steigert dies auch die Komplexität der Modellierung und macht diese dadurch etwas unübersichtlicher und nicht mehr so leicht verständlich.

- Ein Nachteil der vielen verschiedenen Prozesselemente wird von *Allweyer* (2005, S. 183) beschrieben: „Sollen vorhandene Modelle für weitere Anwendungsbereiche genutzt werden (..) so müssen diese Modelle u.U. grundsätzlich überarbeitet werden". Dies bedeutet also aufgrund der Spezifität der einzelnen Modelle Mehraufwand für die Wiederverwendung in weiteren Anwendungsgebieten.

Auch UML ist ein am Markt etablierter Standard. Es handelt sich dabei um eine grafische Modellierungssprache, die vor allem in der Softwaremodellierung genutzt wird (Pilone und Pitman 2005, S. 2 ff.). Wie in Kapitel 1.2 beschrieben, gibt es jedoch auch einige Diagrammformen, die sich zur Darstellung von Geschäftsprozessen eignen. Wie bereits festgelegt wurde, wird an dieser Stelle auf die Aktivitätsdiagramme eingegangen. Das Aktivitätsdiagramm ist besonders dazu geeignet, das Verhalten eines Systems bzw. eines Prozessablaufs abzubilden. Tabelle 1.2 zeigt die wichtigsten Grundelemente des UML

Aktivitätsdiagrams. In der Notation lassen sich durchaus noch weitere Elemente finden, vor allem für Sonderfälle und sehr IT-lastige Zusammenhänge, jedoch sind diese für die Betrachtung in dieser Arbeit nicht relevant.

Eine Aktivität ist ein Verhalten, das aus mehreren Aktionen und anderen Elementen bestehen kann, und bildet damit den Rahmen des Modells. Jede einzelne Aktion darin beschreibt ein Verhalten oder steht für die Verarbeitung von Daten. Objektknoten hingegen stellen Daten und Werte innerhalb der Aktivität dar und werden durch Kanten mit Aktionen verbunden. Diese können sowohl Kontrollflüsse als auch Objektflüsse darstellen. Neben Aktionen können Aktivitäten auch Kontrollknoten enthalten. Hierunter fallen z.B. die Startknoten, welche jeweils als Anfangspunkt für eine Aktivität eingesetzt werden können, und auch Endknoten. Endknoten für Aktivitäten beenden die gesamte Aktivität, während Endknoten für Kontrollflüsse lediglich einen bestimmten Pfad des Aktivitätsdiagramms als beendet markieren. Das UML-Diagramm in Abbildung 1.4 zeigt die wichtigsten Elemente anhand des Beispiels „Dienstreiseantrag“. In diesem Modell wird durch die Nutzung von Schwimmbahnen zusätzlich dargestellt, welcher Bearbeiter für die jeweiligen Schritte zuständig ist. Diese Schwimmbahnen sind optional. Zu beachten ist, dass hier nur ein Teil der möglichen Notation angewendet wird (Pilone und Pitman 2005, S. 104 ff.).

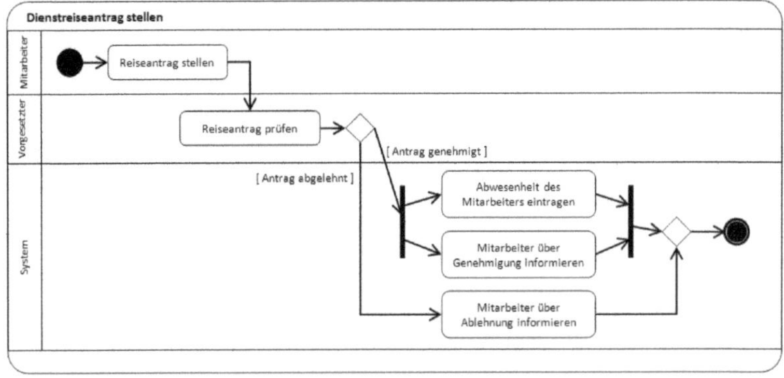

Abbildung 1.4 UML Aktivitätsdiagramm Beispielprozess - Dienstreiseantrag
Eigene Darstellung

Die Vorteile des UML-Aktivitätsdiagramms sind:

- UML ist ein etablierter Standard, der sehr weit verbreitet ist und immer wieder verbessert wurde und wird. Damit besitzt diese Notation einen sehr hohen Reifegrad (Funk, et al. 2010, S. 33 ff.).

- Werden alle UML-Diagrammarten zusammengenommen, lassen sich sämtliche Gegebenheiten im Unternehmen abbilden und einzelne Bestandteile (z.B. Teilprozesse) können in ähnlichen Modellen wiederverwendet werden.
- Welche Software oder Technologie am Ende eingesetzt wird, ist völlig unabhängig. Die Modelle behalten auch nach einem Umstieg aufgrund der Universalität weiterhin Gültigkeit.

Die Nachteile des UML-Aktivitätsdiagramms sind:

- Bei Nutzung der vollständigen Notation werden Modelle schnell überladen und zu komplex, als dass sie von allen Mitarbeitern aus den Fachbereichen ohne Einarbeitung verstanden werden können.
- Um UML Modelle verstehen zu können, ist aufgrund der Komplexität und des Umfangs von UML ein Training der Mitarbeiter erforderlich. Der Modellaustausch zwischen Fachbereichen und IT ist nicht ohne beidseitigen Schulungsaufwand möglich.
- UML wird in der Literatur ebenfalls aufgrund der widersprüchlichen Semantik, unpassenden Notation und der Mehrdeutigkeiten der Notationselemente kritisiert (Fettke 2011). Das Problem der Universalität birgt den Nachteil der mangelnden Konkretheit.

Auch Business Process Model and Notation ist eine standardisierte Modellierungsmethode mit dem Ziel, eine grafische Prozessnotation bereitzustellen, die von allen Prozessbeteiligten verstanden werden kann (OMG 2011, S. 31). Tabelle 1.2 stellt die wichtigsten Grundelemente dar.

Ein BPMN-Modell wird, sofern sinnvoll, innerhalb eines Pools modelliert, welcher als Rahmen ein System, eine Anwendung oder einen Prozess darstellen kann. Ein Pool kann in verschiedene Lanes (Schwimmbahnen) unterteilt werden. Jede Lane kann einen Prozessbeteiligten, eine Organisation oder eine Systemkomponente darstellen. Hauptbestandteile eines Prozesses sind Aufgaben, innerhalb derer bestimmte Aktivitäten durchgeführt werden. Aufgaben sind jeweils durch Kanten zur Darstellung des Sequenzflusses miteinander verbunden und können verschiedene Aufgabentypen und Markierungen enthalten. Aufgabentypen spezifizieren, wer/was die Aufgabe durchführt, und Markierungen legen genau fest, um welche Art von Aufgabentyp es sich handelt. Gateways haben die Aufgabe, den Sequenzfluss zu verändern. Exklusive Gateways folgen entweder dem einen oder dem anderen Weg, parallele Gateways folgen beiden Wegen und bei inklusiven Gateways ist der weitere Ablauf von den anzugebenden Bedingungen abhängig (Rücker und Freund 2010, S. 19 ff.).

Des Weiteren gibt es noch Ereignisse, welche den Prozesslauf kontrollieren und die Kommunikation steuern. Diese haben zwei wichtige Merkmale: den Auslöser des Events sowie dessen Effekt auf den Prozessfluss. So gibt es z.B. unterbrechende und nicht unterbrechende Ereignisse. Sonstige Elemente sind u.a. die Datenspeicher, z.B. einer Datenbank, und die Datenobjekte zur Repräsentation von Informationen innerhalb des Prozesses (Allweyer 2010, S. 16 ff.). Die Notation bietet insgesamt deutlich mehr Elemente, daher wird an dieser Stelle auf *Allweyer* (2010) und *Rücker und Freund* (2010) verwiesen. Die bisher erläuterten Elemente werden in Abbildung 1.5 anhand des Beispielprozesses veranschaulicht.

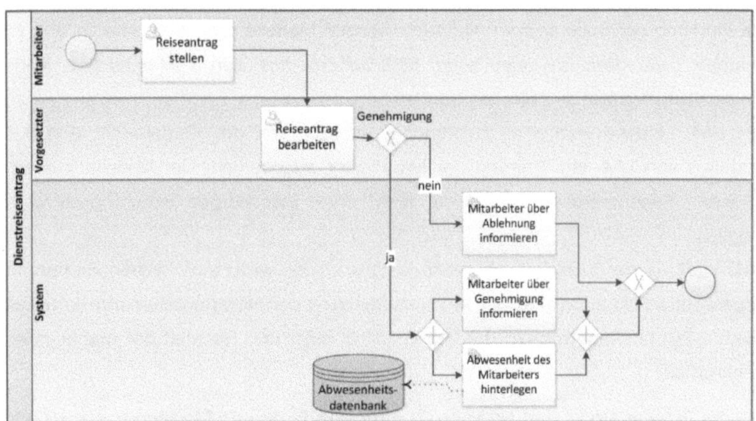

Abbildung 1.5 BPMN 2.0 Beispielprozess - Dienstreiseantrag
Eigene Darstellung

Die Vorteile der BPMN-Modellierung sind:

- Als Standard ist BPMN genau für die Bedürfnisse der Geschäftsprozessmodellierung ausgelegt.
- BPMN bietet gute Übersichtlichkeit und Lesbarkeit, um IT-Vertreter und Fachbereich-Vertreter ein gemeinsames Verständnis vermitteln zu können (Business-IT-Alignment).
- BPMN erlaubt die Modellierung sämtlicher Details eines Prozesses durch die breite Auswahl an Modellierungselementen.

Die Nachteile des BPMN Modellierung sind:

- Bei Nutzung der angebotenen Detailtiefe kann dies die Komplexität in solchem Maß steigern, dass ein Fachbereich-Vertreter den Prozess nicht mehr überblicken kann.
- Aufgrund der Eigenheiten der Notation ist eine Schulung der beteiligten Mitarbeiter erforderlich und weiterhin sollte im Unternehmen eine Modellrichtlinie gefunden werden, um ein einheitliches Vorgehen zu gewährleisten.

- Die Entwicklung von BPMN ist noch nicht vollständig abgeschlossen und es ist noch nicht ganz klar, wohin der Weg führt. Für die neue Version 2.0 wurden viele Elemente (z.B. Ereignisse) eingeführt, die nur für spezielle Sonderfälle der am Standard beteiligten Unternehmen notwendig sind und die Notation überladen (Rücker und Freund 2010, S. 185).

Als letzte Notation gilt es noch BPEL (WS-BPEL) genauer zu beleuchten. Dabei handelt es sich um eine auf XML basierende Sprache, deren Kommunikation und Interaktion mit sogenannten Partnern über Webservices gesteuert wird. Die Abbildung eines Geschäftsprozesses erfolgt also durch Aneinanderreihung von Webservices, welche durch die Web Service Description Language (WSDL) beschrieben werden. WS-BPEL unterstützt keine Einbindung menschlicher Akteure, weshalb die Spezifikation BPEL4People versucht, diesen Bereich noch zu erschließen.

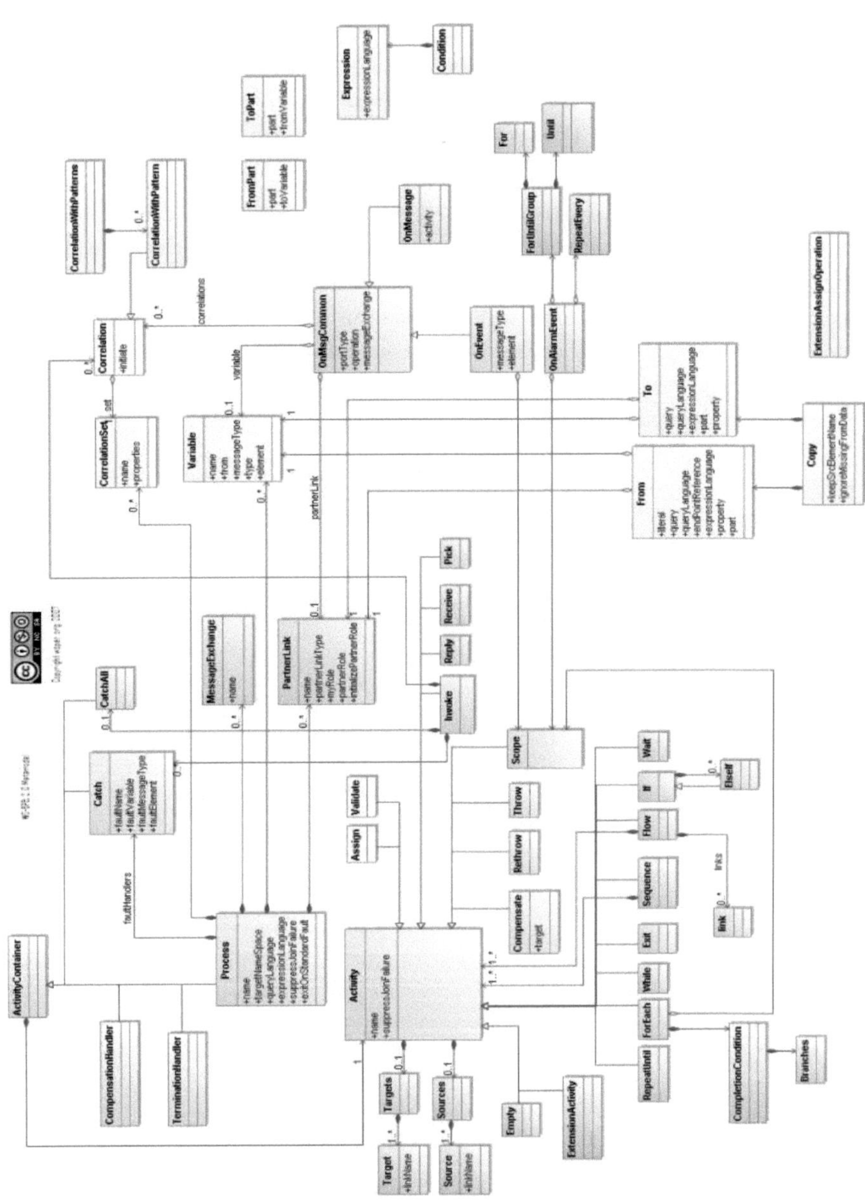

Abbildung 1.6 WS-BPEL Metamodell

Quelle: entnommen aus ebPML.org (2009)

Abbildung 1.6 veranschaulicht das BPEL-Metamodell, auf das an dieser Stelle aufgrund der Komplexität und IT-Lastigkeit nicht weiter eingegangen werden kann. Eine Einführung der grafischen Elemente ist nicht möglich, da BPEL eine rein sprachliche Modellierungsmethode ist. Zumindest ist an dieser Stelle noch zu erwähnen, dass BPEL durchaus grafikorientiert sein kann, jedoch ist dies nicht Bestandteil des Standards. Es handelt sich dabei um Tools oder Plug-ins, die das Prozessmodell grafisch darstellen (Mendling, Weidlich und Weske 2010, S. 10). Für nähere Informationen wird an dieser Stelle auf die BPEL-Spezifikation von *OASIS* (2007) verwiesen. Zur Veranschaulichung des BPEL Prinzips wird in Abbildung 1.7 das Beispiel des Dienstreiseantrags veranschaulicht.

```
<?xml version="1.0" encoding="UTF-8"?>

<!-- Start process "Dienstreiseantrag_1.0" -->
<process name="Dienstreiseantrag_1.0_1" targetNamespace=""
  queryLanguage="http://www.w3.org/TR/1999/REC-xpath-19991116" expressionLanguage="http://www.w3.org/TR/1999/REC-xpath-
  19991116"
 suppressJoinFailure="no" enableInstanceCompensation="no"
 abstractProcess="no" xmlns="http://schemas.xmlsoap.org/ws/2003/03/business-process/">

[...]

<!-- Start variables -->
<variables>
  <variable name="Reiseantrag_stellen " messageType="Reiseantrag_stellen " />
  <variable name="Reiseantrag_prüfen " messageType="Reiseantrag_prüfen " />
  <variable name="Abwesenheit_des_Mitarbeiter_hinterlegen " messageType="Abwesenheit_des_Mitarbeiter_hinterlegen " />
  <variable name="Mitarbeiter_üebr_Genehmigung_informieren " messageType="Mitarbeiter_üebr_Genehmigung_informieren " />
  <variable name="Mitarbeiter_über_Ablehnung_informieren " messageType="Mitarbeiter_über_Ablehnung_informieren " />
</variables>

[...]

<!-- Start Process sequence -->
<sequence>
  <invoke name="Reiseantrag_stellen" partnerLink="" portType="" operation="" inputVariable="" outputVariable=""/>

  <invoke name="Reiseantrag_prüfen" partnerLink="" portType="" operation="" inputVariable="" outputVariable=""/>

  <switch name="X">
   <case condition="">
    <sequence>
     <flow name="Gateway-13285">
      <invoke name="Abwesenheit_des_Mitarbeiter_hinterlegen" partnerLink="" portType="" operation=""
       inputVariable="" outputVariable=""/>

      <invoke name="Mitarbeiter_üebr_Genehmigung_informieren" partnerLink="" portType="" operation=""
       inputVariable="" outputVariable=""/>

     </flow>
    </sequence>
   </case>
   <case condition="">
    <invoke name="Mitarbeiter_über_Ablehnung_informieren" partnerLink="" portType="" operation=""
     inputVariable="" outputVariable=""/>

   </case>
  </switch>
</sequence>
</process>
```

Abbildung 1.7 BPEL Beispielprozess Dienstreiseantrag
Eigene Darstellung

Die Vorteile der BPEL Modellierung sind:

- BPEL setzt auf Standards wie WSDL, was u.a. eine Einbindung beliebiger Services in den Prozessablauf ermöglicht.

- Durch die Webservice-Orchestrierung und Webservice-Choreografien kann die gesamte Ablauflogik des Prozesses genau definiert werden und ein BPEL-Prozess, der als Webservice modelliert wird, kann wieder durch einen anderen aufgerufen werden.
- Dieser Standard wird von anderen Notationen als Ausführungsformat genutzt und ist damit optimal auf die Automatisierung von Prozessen vorbereitet.

Die Nachteile der BPEL-Modellierung sind:

- Standardmäßig ist BPEL eine Prozessdarstellung in Textform und kann nur durch Zusätze wie z.B. mit BPMN grafisch dargestellt werden. Doch selbst dann bleibt die Sprache sehr technisch und nicht transparent.
- Die Nutzung der textbasierten Notation ist nicht im Sinne des Business-IT-Alignments, da kein Fachbereichsvertreter diese Sprache ohne Weiteres verstehen kann.
- Um den vollen Umfang von BPEL nutzen zu können, müssen die Modellierer die Sprache, Webservices, XML usw. umfänglich verstehen und nutzen, was erst einmal einen sehr großen Aufwand verursacht und auch für neue Mitarbeiter eine Einstiegshürde darstellt.

1.4 Ergebnis des Vergleichs der Methoden

Nachdem die einzelnen Methoden vorgestellt wurden, wird im nachfolgenden Abschnitt der Kriterienkatalog auf die Notationen angewendet. Zunächst werden die funktionalen Kriterien untersucht, anschließend die unternehmerischen und am Ende die anwenderseitigen.

Änderbarkeit: Schnelle und einfach Anpassungen sind sowohl in EPK-Modellen als auch in UML- und BPMN-Modellen möglich. Die grafische Notation unterstützt Änderungen, da in den meisten Fällen ein Umhängen des Kontrollflusses/der Kanten einen neuen Prozessverlauf initiieren kann. In BPEL sind Änderungen hingegen nicht so einfach durchführbar, da innerhalb des BPEL Codes zunächst die korrekte Stelle ausgemacht werden muss, bevor Änderungen durchgeführt werden können. Während Prozessverlaufsänderungen innerhalb eines grafischen Modells schnell sichtbar sind, sind solche innerhalb einer mehrseitigen Textdatei nicht ohne Weiteres erkennbar bzw. nachvollziehbar. Alle Notationen, ausschließlich BPEL, können somit das Kriterium erfüllen.

Wiederverwendbarkeit: Alle vier Modellierungsmethoden bieten die Möglichkeit, einzelne Bestandteile und Prozessabschnitte wiederzuverwenden. BPMN bietet die Möglichkeit zur Nutzung von Teilprozessen, welche in andere Prozesse eingebunden werden können. EPKs können über Prozesspfade immer weiter nach oben abstrahiert werden. Einzelne

Prozessteile der unteren Ebenen lassen sich für neue Modelle wiederverwenden. UML bietet die Möglichkeit Funktionen zu schachteln und wiederzuverwenden und in BPEL gilt unter Beachtung serviceorientierter Architekturen (SOA) und Einhaltung von Standards ebenfalls das Prinzip der Wiederverwendbarkeit.

Symbolik: BPEL kann dieses Kriterium nicht erfüllen, da es keine grafisch orientierte Methode ist. Dies wird trotz der Möglichkeit, die Komplexität in Unternehmen darzustellen, als klarer Nachteil gewertet. EPKs hingegen bieten ein ausreichendes Maß an Elementen zur Darstellung der Unternehmensprozesse, ebenso wie UML. UML erlaubt sogar teilweise noch tiefer greifende Definitionen bis hin zum Pseudocode, was aber aufgrund der IT-Ausrichtung nicht dem Ziel des Business-IT-Alignments entspricht. Beide sind auch in ihrer Notation eindeutig und erlauben keine mehrdeutigen Symbole. BPMN wurde speziell für Geschäftsprozessmodellierung entwickelt und dabei wurde darauf geachtet, möglichst die verschiedenen Ereignisse, Funktionen und Bedingungen einer Prozesslandschaft abbilden zu können. Beispielsweise erlauben BPMN Ereignisse die aktivere Interaktion und das flexiblere Reagieren auf z.B. Fehler im Prozesslauf oder zeitbedingte Ereignisse. UML Diagramme und EPKs bieten diese Möglichkeiten nicht.

Syntax: Alle Notationen werden innerhalb eines entsprechenden Tools während der Erstellung des Modells bzw. bei Durchführung einer Syntaxprüfung auf Fehler hin überprüft. Jedoch sind für alle Notationen Tools zur Unterstützung notwendig, da dies nicht durch normale grafische Modellierungsanwendungen bewerkstelligt werden kann. Solche Anwendungen ermöglichen das Vermeiden von Fehler bei der Modellierung. Der Anwender wird auf diese Weise geschult, Syntaxfehler zu vermeiden.

Durchgängigkeit: Aus technischer Sicht ergibt sich mit BPEL die Möglichkeit, mit Webservices verschiedene Dienste anzusteuern. Dadurch ergeben sich viele Möglichkeiten zur Erschließung anderer Ressourcen und Anwendungen. Die Nutzung von BPEL ohne grafische Modellierung erschwert jedoch den Fachbereichen das Arbeiten und das Verständnis des Modells. Somit kann bei BPEL nicht von Durchgängigkeit gesprochen werden. Aufgrund der grafischen Modellierungstechnik bieten sich sowohl UML Aktivitätsdiagramme, EPKs als auch BPMN an. In Zusammenarbeit des IT- und Fachbereichs lassen sich damit Geschäftsprozessmodelle im Konsens beider Parteien erstellen. Dadurch ergibt sich ein hohes Maß an Prozessverständnis, da beide auf Basis eines einzigen allgemein verständlichen Prozessmodells diskutieren.

Als Nächstes werden nun die Kriterien für das Unternehmen genauer thematisiert:

Zukunftssicherheit: Sowohl EPKs und UML sind am Markt etablierte Notationen (siehe Kapitel 1.3). Auch wenn EPKs nicht standardisiert sind, haben sie sich u.a. durch die Nutzung in SAP weit verbreitet und UML hat sich durch die Vielzahl an Modellen in vielen Bereichen etabliert und kommt dort standardmäßig zum Einsatz. Dieser Status wird sich in naher Zukunft nicht ändern. Zudem wurde für UML erst Ende 2011 eine neue Version veröffentlicht. BPMN hat sich ebenfalls bereits am Markt etablieren können und auch Studien belegen, dass das Interesse an BPMN immer größer wird (Rücker und Freund 2010, S. XII). Allerdings sind sich auch Experten im BPM-Umfeld noch nicht sicher, ob es sich bei BPMN lediglich um einen aktuell erstarkenden Hype handelt (van Lessen, et al. 2011) oder ob sich der Standard in der Praxis durchsetzen wird (Allweyer 2009). Spätestens seit BPMN 2.0 wird die Konkurrenz für BPEL härter. Eigentlich galt BPEL als Ausführungssprache für BPMN Modelle, doch die neue Version besitzt eine eigene Process Engine, welche BPEL in diesem Umfeld ersetzen wird. Auch in der Literatur herrscht die mehrheitliche Meinung, dass BPEL auf lange Sicht im BPM-Umfeld keine guten Zukunftschancen mehr hat. (Rücker und Freund 2010, S. 243 ff.).

Automatisierung: BPMN 2.0 enthält, wie bereits erwähnt, mit der neuen Version eine eigene Process Engine und ist damit für die Automatisierung vorbereitet. Auch BPEL ist eine Sprache, die für die Automatisierung von Prozessen ausgelegt ist. Im Gegensatz dazu sind EPKs und UML Aktivitätsdiagramme nicht dafür geeignet. Für eine Automatisierung müssten unter Umständen Transformationen in andere, ausführbare Formate oder mit Hilfe eines separaten Tools durchgeführt werden, welches diese Aufgabe übernimmt. Die Prozessautomatisierung ist jedoch bei beiden Notationen nicht Bestandteil des Standards oder des Konzepts, ganz im Gegensatz zu BPMN 2.0 und BPEL.

Aufwand/Nutzen: Bei der Modellierung von Prozessen und vor allem bei der Zusammenarbeit zwischen Fach- und IT-Bereichen können sich Verbesserungspotenziale oder bisherige Fehleinschätzungen aufdecken lassen. Alle vier Methoden können dazu beitragen. Lediglich für BPEL ergibt sich der Nachteil der hohen Komplexität. Die Kosten, alle Mitarbeiter entsprechend zu schulen, können im Vergleich zu den anderen Notationen deutlich höher ausfallen.

Leistungsstärke: BPMN und EPKs bieten aufgrund der verschiedensten Elemente und durch die Integration eigener Symbole (z.B. Drucker, sonstige Hardware) genug Ausdrucksstärke, um auch sehr komplexe Geschäftsprozesse modellieren zu können. Auch BPEL hat durch sein umfangreiches Metamodell viele Möglichkeiten, Prozessläufe zu beschreiben und zu formulieren. Das UML-Aktivitätsdiagramm verfügt ebenfalls über ein sehr ausgeprägtes Sprachkonstrukt, das bis hin zu Pseudocode sehr detaillierte Beschreibungen zulässt. Zusätzlich kann auf das Repertoire der restlichen UML-Diagrammtypen zurückgegriffen werden.

Tool-Unterstützung: Der Zugang zu unterstützenden Tools wurde durch eine einfache Eigenrecherche im Internet überprüft. Bei Eingabe des Suchbegriffs „EPK Tool" in die Suchmaschine „Google" lassen die Treffer schnell erkennen, dass EPKs am Markt etabliert sind und daher auch eine große Bandbreite an Tools zur Unterstützung, als Plug-in für

Eclipse bzw. als Schablone für Microsoft Visio existieren. Auch für UML Diagramme, BPMN und BPEL ist die Unterstützung ähnlich zu bewerten. Es lassen sich ebenso schnell entsprechende Plug-ins und Websites finden, die Tools bewerben. Für kleinere bis evtl. mittelständische Unternehmen können die ersten beworbenen Tools eine Lösungsmöglichkeit darstellen. Für größere Unternehmen zeigte die Analyse jedoch auch Suchergebnisse bekannter Hersteller wie IBM, SAP oder Oracle, welche ebenfalls für die Notationen Anwendungslösungen anbieten (siehe Ergebnisse in Tabelle A.1).

Abschließend werden nun noch die Kriterien für Anwender diskutiert:

Fachliche Akzeptanz: Wenn nur die Grundelemente der EPK in Betracht gezogen werden, dann handelt es sich hierbei um eine sehr einstiegsfreundliche Notation. Einfache Zusammenhänge sind schnell modelliert. Im Gegensatz dazu sind UML Aktivitätsdiagramme und BPMN Modelle nicht so einfach zu erlernen. Hier gibt es jeweils Besonderheiten, die eine gewisse Übung im Umgang mit der Sprache erforderlich machen. Als Beispiel ist hierzu für BPMN die große Anzahl an unterschiedlichen Ereignissen zu nennen, deren Auswirkungen sich teilweise stark voneinander unterscheiden. Diese können einen gesamten Prozesslauf blockieren und die Bedingungen für diese Ereignisse reichen von einer Fehlermeldung bis hin zum kompletten Rückgängigmachen der bisherigen Prozessschritte. Für UML Diagramme sei an dieser Stelle der doch sehr technische und objektorientierte Ansatz erwähnt, der einen einfachen Einstieg erschwert. Als letzte Sprache ist noch BPEL zu nennen. Diese ist ganz allgemein als nicht einstiegsfreundlich zu bezeichnen, da die Komplexität, wie sie das Metamodell darstellt, nicht in kurzer Zeit und ohne entsprechende Schulung zu durchdringen sein dürfte.

Komplexitätsgrad: Um komplexere Zusammenhänge darstellen zu können, ist im Fall der EPK auf die erweiterte Fassung zurückzugreifen. Der somit vorhandene Notationsschatz ist ausreichend für komplexere Prozesse. Diese Tatsache gilt auch für sämtliche anderen hier betrachteten Methoden. Falls notwendig, bieten sie alle einen ausreichenden Umfang an Symbolen. Für die Darstellung einfacher Prozesse genügen, wie in den Beispielen gezeigt, aber schon wenige Elemente.

Übersichtlichkeit: Die Übersichtlichkeit ist bei den grafikorientierten Notationen nur für einfache Prozessmodelle gegeben. Steigt die Komplexität und der Umfang des Prozessablaufs, so muss eine Aufteilung in Teil- und Unterprozesse erfolgen, damit auch Nicht-Modellierer diese Darstellungen interpretieren und verstehen können. Die Aufteilung in Schwimmbahnen, wie dies z.B. bei UML Aktivitätsdiagrammen und bei BPMN Modellen möglich ist, erleichtert die Darstellung der Zuständigkeiten enorm. Bei EPK Modellen müssen immer zuständige Personen durch besondere Kennzeichnung für jede Aktivität angegeben werden. Da es für BPEL keine grafische Darstellung gibt, ist die Übersichtlichkeit der textuellen Darstellung negativ zu beurteilen.

Verbreitungsgrad: Sowohl EPK als auch UML sind am Markt etablierte Methoden und es lassen sich schnell literarische Quellen, Schulungen und Anleitungen finden. Zusätzlich handelt es sich bei UML noch um einen Standard. Aufgrund dessen kann beiden ein sehr hoher Verbreitungsgrad zugerechnet werden. BPEL ist hingegen trotz Standardisierung nicht sehr verbreitet, primär aufgrund der Tatsache, dass die Methode zu technisch und damit für Fachabteilungen nicht geeignet ist. BPMN ist am Markt inzwischen auch schon weit verbreitet, wie bereits in Kapitel 1.2 angedeutet. Für beide Methoden lassen sich ebenfalls gute Nachschlagewerke und Anleitungen finden, jedoch hat BPEL aufgrund der technischen Ausrichtung hier Defizite aufzuweisen. BPEL ist ein eher mäßiger Verbreitungsgrad zuzurechnen, der aufgrund der Unabhängigkeit der BPMN von BPEL als Automatisierungsmethode, noch weiter zurückgehen wird.

Business-IT-Alignment: BPEL kann aufgrund der zu technischen Notation nicht als fachbereichsgerecht angesehen werden. EPK und UML hingegen sind zwar für Fachbereiche in der Regel ausreichend, jedoch können die technischen Ansprüche bezüglich Umsetzungsmöglichkeiten oft nicht erfüllt werden. Einzig BPMN bietet genug Möglichkeiten, sowohl fachliche als auch technische Tiefe zu erreichen.

Im Folgenden werden nun für jede Methode alle erfüllten Punkte mit einem „+" (+1) bewertet. Alle Punkte, die zwar grundlegend erfüllt sind, für die aber noch Spielraum für Verbesserungen besteht, erhalten die Wertung „0" (+/- 0). Wurde ein Kriterium nicht oder nicht zufriedenstellend erfüllt, so ergibt sich eine Wertung von „x„ (-1). Tabelle 1.3 fasst alle Kriterien noch einmal inklusive der Bewertung der einzelnen Methoden zusammen und stellt das Gesamtergebnis dar.

	EPK	UML	BPEL	BPMN
Funktionale Kriterien				
Änderbarkeit	+	+	O	+
Wiederverwendbarkeit	+	+	+	+
Symbolik	+	O	X	+
Syntax	O	O	O	O
Durchgängigkeit	+	+	X	+
Unternehmenskriterien				
Zukunftssicherheit	+	+	X	+
Automatisierung	X	X	+	+
Aufwand/Nutzen	+	+	O	+
Leistungsstärke	+	+	+	+
Tool-Unterstützung	+	+	+	+
Anwenderkriterien				
Fachliche Akzeptanz	+	O	X	O
Komplexitätsgrad	+	+	+	+
Übersichtlichkeit	O	+	X	+
Verbreitungsgrad	+	+	O	+
Business-IT-Alignment	O	O	X	+
Gesamtergebnis	10	9	-1	13

Tabelle 1.3 Gegenüberstellung der Modellierungsmethoden
Eigene Darstellung

Die Untersuchung zeigt drei Methoden, die ähnliche Bewertungen aufweisen und eine Methode, welche die Erwartungen nicht erfüllen konnte. Aufgrund der nicht grafischen Notationsform konnte BPEL mehrere der gestellten Kriterien nicht erfüllen. Dies zeigt auch, dass diese Notation nicht als unabhängige Prozessmodellierungsmethode eingesetzt werden sollte, sondern dass es sich um eine Ausführungssprache handelt. Trotzdem gilt nach aktuellem Stand festzuhalten: „(...) BPEL is an important cornerstone of BPM technology. Especially, BPEL became the BPM runtime standard" (Mendling, Weidlich und Weske 2010, S. 9). BPEL hat also durchaus seine Daseinsberechtigung und ist in dem Umfeld der Prozessausführung auch nicht so leicht wegzudenken.

UML Diagramme und EPKs haben beide fast identische Gesamtergebnisse erreicht und sind auch durchaus als Prozessmodellierungsmethode einsetzbar. Einzige wirkliche Schwäche, die beiden Methoden anzurechnen ist, ist die fehlende Möglichkeit der Prozessautomatisierung. Sonstige Mängel der Notationen sind schlicht der Tatsache zuzurechnen, dass es sich um allgemeine Notationsformen und Diagrammtypen handelt, welche nicht wie BPMN speziell zur Gestaltung von Prozessen entwickelt wurden.

BPMN kann in Bezug auf den gewählten Kriterienkatalog als die für Unternehmen geeignetste Methode gesehen werden. Fast alle Kriterien konnten erfüllt werden, lediglich für die Anwenderkriterien ist die mangelnde fachliche Akzeptanz negativ anzumerken. Auch in anderen Vergleichen mit verschiedenen Modellierungsmethoden konnte sich BPMN durchsetzen. So wurde es als erhebliche Verbesserung im Vergleich zu anderen Modellen in *Recker* (2009, S. 342) genannt. Die Analyse zeigte, dass BPMN eine sehr mächtige Notation ist. Damit Unternehmen im vollen Umfang davon profitieren können, sollten diese den Einsatz genau planen und gut vorbereiten, z.B. durch Abstimmung einer Modellierungskonvention. Nur so kann auch gewährleistet werden, dass die Methode im vollen Umfang genutzt und von den Anwendern auch akzeptiert wird.

2 Anhang

Suchbegriff	Ergebnisse
EPK/ EPC Tool	Neben der Möglichkeit, EPK Modelle in Microsoft Visio zu zeichnen, gibt es auch viele frei erhältliche Produkte kleinerer Hersteller auf dem Markt. Auch SAP und das ARIS Toolset unterstützen EPKs.
UML Tool	Bereits auf der ersten Seite lassen sich Verknüpfungen zu Seiten finden, die eine komplette Auflistung von bis zu 50 verschiedenen UML Tools aufweisen. Darunter finden sich neben Open Source und Produkten kleinerer Hersteller auch Anwendungen von Oracle, Microsoft und IDS Scheer. Einige davon lassen sich ohne weiteres in Eclipse einbinden.
BPMN Tool	Auch hier zeichnet sich ein ähnliches Ergebnis wie für UML ab. Es finden sich schnell Seiten, die eine Auflistung verschiedener BPMN Tools bieten. Darunter lassen sich u.a. auch Erweiterungen für Microsoft Visio finden. Produkte werden desweiteren auch von IBM, SAP und IDS Scheer angeboten, jedoch lässt sich vor allem ein außergewöhnlich großes Angebot an Open Source Software finden.
BPEL Tool	Oracle, IBM, IDS Scheer, Sybase und Microsoft zählen wohl zu den größten Anbietern, die ein Tool mit BPEL Unterstützung anbieten. Des Weiteren lassen sich schnell entsprechende Anwendungen finden, die eine Kombination von BPMN und BPEL erlauben. Auch Plugins für Eclipse können kostenlos heruntergeladen werden.

Tabelle A.1 Google Analyse - BPM Tool

3 Literaturverzeichnis (inklusive weiterführender Literatur)

Allweyer, Thomas. *BPMN 2.0.* Norderstedt: Books on Demand GmbH, 2010.

—. *Computerwoche - BPMN setzt sich durch in der Praxis.* 9. Februar 2009. http://www.computerwoche.de/software/soa-bpm/1886445/ (Zugriff am 28. April 2012).

—. *Geschäftsprozessmanagement.* W3l, 2005.

Balzert, Silke, Peter Fettke, und Peter Loos. *Universitätsverlag Göttingen - Plädoyer für eine operationalisierbare Methode der Prozesserhebung in der Beratung.* 2010. http://webdoc.sub.gwdg.de/univerlag/2010/mkwi/ (Zugriff am 2. Mai 2012).

Becker, Jörg. *Enzyklopädie der Wirtschaftsinformatik Online-Lexikon.* 6. Oktober 2011. http://www.enzyklopaedie-der-wirtschaftsinformatik.de/wi-enzyklopaedie/lexikon/is-management/Systementwicklung/Hauptaktivitaten-der-Systementwicklung/Problemanalyse-/Geschaftsprozessmodellierung (Zugriff am 15. April 2012).

Becker, Jörg, Christoph Mathas, und Axel Winkelmann. *Geschäftsprozessmanagement.* Berlin Heidelberg: Springer Verlag, 2009.

Becker, Jörg, Martin Kugeler, und Michael Rosemann. *Prozessmanagement - Ein Leitfaden zur prozessorientierten Organisationsgestaltung.* Berlin Heidelberg: Springer Verlag, 2008.

Dr. Bartonitz, Martin. „SAPERION Blog." *SAPERION Blog.* 26. November 2011. http://www.saperionblog.com/lang/de/vom-status-quo-der-standards-im-geschaftsprozessmanagement-und-der-wende-in-deutschland/5428/ (Zugriff am 15. April 2012).

ebPML.org. *ebPML.org - Service Oriented, Process Centric, Model Driven Heresies.* 12. Mai 2009. http://www.ebpml.org/blog/207.htm (Zugriff am 28. April 2012).

Fettke, Peter. *Enzyklopädie der Wirtschaftsinformatik Online Lexikon.* 6. Oktober 2011. http://www.enzyklopaedie-der-wirtschaftsinformatik.de/wi-enzyklopaedie/lexikon/is-management/Systementwicklung/Hauptaktivitaten-der-Systementwicklung/Problemanalyse-/Objektorientierte-Modellierung/UML-basierte-Modellierung (Zugriff am 27. April 2012).

Funk, Burkhardt, Jorge Marx Gómez, Peter Niemeyer, und Frank Teuteberg. *Geschäftsprozessintegration mit SAP: Fallstudien zur Steuerung von Wertschöpfungsprozessen entlang der Supply Chain.* Berlin Heidelberg: Springer Verlag, 2010.

Gaddatsch, Andreas. *Grundkurs Geschäftsprozess-Management.* Wiesbaden: Vieweg + Teuber | GWV Fachverlage, 2010.

Garimella, Kiran, Michael Lees, und Bruce Williams. *BPM Basics for Dummies.* Indiana: Wiley Publishing, 2008.

Harmon, Paul, und Celia Wolf. „BPTrends Business Process Trends." *BPTrends Business Process Trends.* Dezember 2011. www.bptrends.com/members_surveys/deliver.cfm?report_id=1005&target=Pr ocess_Modeling_Survey-Dec_11_FINAL.pdf&return=surveys_landing.cfm (Zugriff am 15. April 2012).

Hierlmeier, Evi. *Computerwelt.ch.* 04. Juni 2009. http://www.computerworld.ch/news/artikel/business-process-management-fuer-alle-48252/ (Zugriff am 20. Juni 2012).

Hoppe, Sebastian, Magdalena Mißler-Behr, und Steffen Greiffenberg. „Business Process Management – Konzepte, Einsatzszenarien und Perspektiven." *Information Management und Consulting,* 2010: 66-74.

Knuppertz, Thilo, Sven Schnägelberger, und Katharina Clauberg. „Umfrage Status Quo Prozessmanagement 2010/2011." *BPM&O Management Beratung.* 2011. http://www.bpmo.de/bpmo/export/sites/default/de/know_how/downloads/Statu s_Quo_Prozessmanagement_2011.pdf (Zugriff am 21. März 2012).

Ko, Ryan K. L. „A computer scientist's introductory guide to Business Process Management (BPM)." *Crossroads,* 2009: 11-18.

Koch, Susanne. *Einführung in das Management von Geschäftsprozessen: Six Sigma, Kaizen und TQM.* Berlin Heidelberg: Gabler Wissenschaftsverlage, 2011.

Mendling, Jan, Matthias Weidlich, und Mathias Weske. *Business Process Modeling Notation - Second International Workshop, BPMN 2010.* Berlin Heidelberg: Springer Verlag, 2010.

Minonne, Clemente, Carlo Colicchio, Matthias Litzk, und Thomas Keller. *Business Process Management 2011 - Status Quo und Zukunft.* Studie, Zürich: vdf Hochschulverlag AG, 2011.

Müller, Thomas. „Zukunftsthema Geschäftsprozessmanagement." *pwc - PricewaterhouseCoopers.* Februar 2011. http://www.pwc.de/de_DE/de/prozessoptimierung/assets/PwC-GPM-Studie.pdf (Zugriff am 21. März 2012).

OASIS. „OASIS - ebBP 2.0.4 Spezifikation." *OASIS - ebBP 2.0.4 Spezifikation.* Dezember 2006. http://www.oasis-open.org/standards#ebxmlbpv2.0.4 (Zugriff am 23. April 2012).

—. „OASIS - WS-BPEL 2.0 Spezifikation." *OASIS - WS-BPEL 2.0 Spezifikation.* April 2007. http://www.oasis-open.org/standards#wsbpelv2.0 (Zugriff am 23. April 2012).

—. *OASIS WS-BPEL Extension for People (BPEL4People) Technical Committee.* 2008. http://www.oasis-open.org/committees/bpel4people/charter.php (Zugriff am 23. April 2012).

Object Management Group. *OMG Object Management Group.* 2012. http://www.omg.org (Zugriff am 22. April 2012).

Olding, Elise. „StrAIT Blogging - Gartner Studie - It's a Matter of Survival: Use BPM to Drive Out Costs." *StrAIT Blogging - Gartner Studie - It's a Matter of Survival: Use BPM to Drive Out Costs.* 12. März 2009. http://straitadvisors.com/wordpress/?p=117 (Zugriff am 24. April 2012).

OMG. „OMG - BMM 1.1 Spezifikation." *OMG - BMM 1.1 Spezifikation.* 1. Mai 2010. http://www.omg.org/spec/BMM/1.1/ (Zugriff am 23. April 2012).

—. „OMG - BPMN 2.0 Spezifikation." *OMG - BPMN 2.0 Spezifikation.* 3. Januar 2011. http://www.omg.org/spec/BPMN/2.0/ (Zugriff am 27. April 2012).

—. „OMG - SBVR 1.0 Spezifikation." *OMG - SBVR 1.0 Spezifikation.* 1. Januar 2008. http://www.omg.org/spec/SBVR/1.0/ (Zugriff am 23. April 2021).

—. „OMG - UML 2.2 Infrastructure Spezifikation." *OMG - UML 2.2 Infrastructure Spezifikation.* 4. Februar 2009. http://www.omg.org/spec/UML/2.2/ (Zugriff am 23. April 2012).

—. „OMG - UML 2.2 Superstructure Spezifikation." *OMG - UML 2.2 Superstructure Spezifikation.* 2. Februar 2009. http://www.omg.org/spec/UML/2.2/ (Zugriff am 23. April 2012).

Pilone, Dan, und Neil Pitman. *UML 2.0 in a Nutshell.* O'Reilly Media, Inc., 2005.

Recker, Jan, Marta Indulska, Michael Rosemann, und Peter Green. „Business Process Modeling - A Comparative Analysis." *Journal of the Association for Information Systems*, April 2009: 333-363.

Rücker, Bernd, und Jakob Freund. *Praxishandbuch BPMN 2.0.* München: Carl Hanser Verlag, 2010.

Schmelzer, Hermann J., und Sesselmann Wolfgang. *Geschäftsprozessmanagement in der Praxis.* Hanser Verlag, 2008.

Schmelzer, Hermann J., und Wolfgang Sesselmann. *Geschäftsprozessmanagement in der Praxis.* Hanser Verlag, 2010.

Schönthaler, Frank, Gottfried Vossen, Andreas Oberweis, und Thomas Karle. *Geschäftsprozesse für Business Communities: Modellierungssprachen, Methoden und Werkzeuge.* München: Oldenbourd Verlag, 2011.

Softselect GmbH. *BPM Expo - BPM Trend Report 2010.* Studie/Umfrage, Basel: Ramco Systems Ltd., 2009.

SourceMedia, Inc. „Snapshot on the Business Process Management Market." *Information Management*, Mai 2011: 8.

Spath, Dieter Univ.-Prof. Dr.-Ing. Dr.-Ing. E.h., Anette Priv. Doz. Dr.Ing. habil. Weisbecker, und Jens Dipl.-Inf. Drawehn. *Business Process Modeling 2010.* Stuttgart: Fraunhofer IAO, 2010.

Swenson, Keith D., Sameer Pradhan, und Mike D. Gilger. „WfMC - Wf-XML 2.0 XML Based Protocol for Run-Time Integration of Process Engines." 23. November 2004. http://www.wfmc.org/Download-document/Wf-XML-2.0-Draft-XML-Based-Protocol-for-Run-Time-Integration-of-Process-Engines.html (Zugriff am 22. April 2012).

The Workflow Management Coalition. „XPDL.org - XPDL 2.2. Spezifikation."
XPDL.org. Februar. 24 2012. http://www.xpdl.org/standards/xpdl-
2.2/XPDL%202.2%20%282012-02-24%29.pdf (Zugriff am 22. April 2012).

van Lessen, Tammo, Bernd Rücker, Torsten Winterberg, und Jürgen Kress. *JAX
Center - Portal für Java, Enterprise Architekturen und SOA.* Juni 2011.
http://it-republik.de/jaxenter/artikel/BPMN-ist-tot-es-lebe-BPEL!-3901.html
(Zugriff am 28. April 2012).

Wagner, Michael. *Computerwoche.* 9. Januar 2007.
http://www.computerwoche.de/software/office-collaboration/586158/ (Zugriff
am 23. April 2012).

Weske, Mathias. *Business Process Management.* Berlin Heidelberg: Springer Verlag,
2007.

Mehr zu diesem Thema finden Sie in „Geschäftsprozessmanagement und -modellierung. Die Bedeutung für Unternehmen und Vergleich verschiedener Modellierungsmethoden" von Mathias Schätzl. ISBN: 978-3-656-30324-4

http://www.grin.com/de/e-book/203343/